Leo & Co.

Speed Dating

Ernst Klett Sprachen

Stuttgart

Bildnachweis

11 Klett-Archiv (Theo Scherling), Stuttgart; **35** Klett-Archiv (Theo Scherling); **60** 123RF.com (fizkes), Nidderau; **63.1** Shutterstock (fizkes), New York; **63.2** Getty Images (skynesher), München

Zu diesem Buch gibt es Audiodateien und Lösungen, die mit der Klett-Augmented-App geladen und abgespielt werden können.

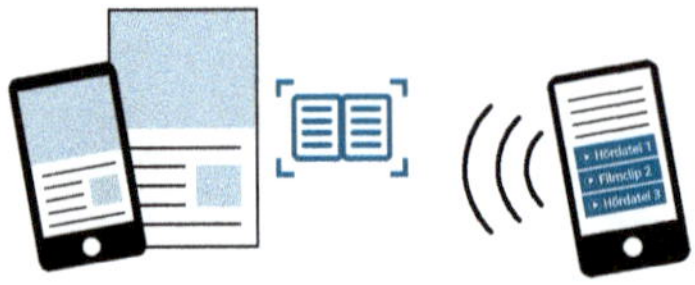

Klett-Augmented-App kostenlos downloaden und öffnen | Seite mit diesem Symbol scannen | Medien laden, direkt nutzen oder speichern

Alternativ Audiodateien und Lösungen unter www.klett-sprachen.de/leo-und-co/audio downloaden. Code: **LuC8Da2**

1. Auflage 1 [4 3 2 1] | 2025 24 23 22

Nachfolger von 978-3-12- 606402-6
Alle Drucke dieser Auflage sind unverändert und können im Unterricht nebeneinander verwendet werden.
Die letzte Zahl bezeichnet das Jahr des Druckes.

Autor und Autorin: Theo Scherling und Elke Burger

Redaktion: Sabine Wenkums
Layout: Kommunikation+Design Andrea Pfeifer
Illustrationen und Umschlagbild: Johann Büsen
Tonregie: Theo Scherling und Sabine Wenkums
Tonaufnahme, -schnitt und -mischung: Andreas Scherling
Tonstudio: Erik Weissberg, White Mountain Studio, München
Produktion: Bild und Ton, München
Sprecherinnen und Sprecher: Ulrike Arnold, Jan Faszbender, Detlef Kügow, Ruth Stefani, Jenny Stölken, Peter Veit
Druck und Bindung: Elanders GmbH, Waiblingen

Printed in Germany
ISBN 978-3-12-674088-3

Leo & Co.

Speed Dating

INHALT

DIE HAUPTPERSONEN DIESER GESCHICHTE:

Leo

Leo ist Maler, aber er ist auch ein leidenschaftlicher Koch.

Seine Kneipe *Leo & Co.* ist ein gemütliches Lokal, in dem man gut und preiswert essen kann.

Seine jungen Freunde planen eine Veranstaltung in seinem Lokal, mit der Leo zunächst gar nicht einverstanden ist.

Benno

Benno wohnt bei Leo im Haus, über der Kneipe. Weil er Leo manchmal hilft, muss er nicht viel Miete bezahlen.

Benno plant mit Felipe und Anna ein Speed Dating bei *Leo & Co.*: 8 Frauen und 8 Männer lernen sich kennen – in 8 Minuten.

Anna

Anna studiert an der Universität und jobbt bei *Leo & Co.*

Gemeinsam mit Benno und Felipe organisiert sie in dieser Geschichte das Speed Dating und hat wieder mal viel zu wenig Zeit für ihren Freund Paco.

Felipe

Felipe ist Pacos Cousin. Er ist 17 Jahre alt und geht noch zur Schule, aber ungern.

Felipe ist Weltmeister im Organisieren. Das Speed Dating war natürlich seine Idee.

Klaus

Klaus Meier ist Leos bester Freund. Zusammen mit seiner Tochter Veronika hat er die Kfz-Werkstatt *Meier & Meier*. Seine Spezialität sind Oldtimer.

Und er springt auch gern mal ein, wenn irgendwo Not am Mann ist.

1

„Benno! Benno, kommst du bitte mal!“, ruft Leo aus der Küche.
„Moment, Chef! Ich verstehe dich nicht. Ich bin im Hof.“

Benno stellt die leeren Getränkekisten ab und geht in die Küche.
„Was gibt's?“
Leo nimmt gerade die Pfanne vom Herd und legt mit einer Gabel kleine Fleischbällchen auf einen Teller.
„Hier, probier doch bitte mal!“
Benno nimmt die Gabel und probiert eins:
„Oh, heiß! Und scharf! Aber sehr lecker!! Was ist das? Frikadellen?“
„Na ja, eigentlich eine neue Kreation. Ich habe nur noch keinen Namen dafür.“
„Kann ich noch eins haben? Die schmecken wirklich toll!“
„Klar, nimm nur.“

„Mmmmh! Und was ist da alles drin?“
„Zwiebeln, Knoblauch, Hackfleisch, ein altes Brötchen, ein Ei, Salz und Pfeffer, viel Senf und Roquefort!“
„Käse in Frikadellen? Sehr gut! – Und was gibt's dazu?“
„Wie meinst du das? Beilagen?“
„Ja! Kartoffelsalat oder ...“
„Nichts! Das ist *Fingerfood*, ein kleiner Snack, den isst man einfach nebenbei.“
„Aha.“

Benno probiert noch ein Fleischbällchen, dann fragt er: „Gibt's die heute Abend?"
„Nein. Ein Koch muss auch manchmal experimentieren! Im Atelier male ich ja auch nicht immer die gleichen Bilder!" Leo lacht. „Aber jetzt im Ernst, ich habe einen Auftrag: das Catering für eine Vernissage[1]. Und die Galeristin hat Snacks[2] bestellt."

Leo ist eigentlich Maler, aber er ist auch ein leidenschaftlicher Koch. Vor ein paar Jahren hat er sein Hobby zum Beruf gemacht. Seine Kneipe *Leo & Co.* ist ein gemütliches Lokal, in dem man gut und preiswert essen kann.
Benno wohnt bei Leo im Haus, direkt über der Kneipe.
Weil er Leo manchmal hilft, muss er nicht viel Miete bezahlen.

„Brauchst du mich noch, Leo?"
„Ja natürlich! Es gibt noch viel zu tun. Ich muss Snacks für 50 Gäste vorbereiten!"
„Aber du weißt doch, Kochen ist nicht gerade meine Stärke."
„Ich bin der Koch, mein Lieber! Und du bist der Assistent. Mach einfach, was ich dir sage."
„Zu Befehl, Chef!", grinst Benno.
Auch Leo lacht.

„So, dann machen wir mal weiter. Bitte gieß das Gemüse aus dem großen Topf in den Mixer. Dann schaltest du den Mixer ein und machst eine Suppe daraus, o. k.?"
„Ich glaube, das kann ich. Und du meinst, das reicht für 50 Gäste?"
„Natürlich nicht! Erstens gibt es verschiedene kleine Gerichte und zweitens soll sich ja keiner satt essen! Das Essen ist bei dieser Veranstaltung mehr so – hm, wie soll ich sagen?"

1 *das Catering für eine Vernissage*: Leo liefert das Essen für eine Ausstellungseröffnung in einer Galerie
2 *der Snack*: engl. eine Kleinigkeit zum Essen, *ein Imbiss*

„Kunst?“
„Ja ja, mach dich nur lustig! Essen kann auch Kunst sein. Vor allem die Präsentation! Jetzt mix mal die Suppe, und dann zeige ich dir, wie es weitergeht.“
„Das Gemüse ist ja kalt.“
„Wir machen eine kalte Gemüsesuppe, Mann!“

Benno mixt das Gemüse. Leo schmeckt die Suppe mit Gewürzen und Sahne ab. Er holt eine kleine Espressotasse und füllt vorsichtig die Suppe hinein. Dann dekoriert er die Tasse mit Basilikum und legt ein kleines Stück Weißbrot neben die Tasse. Ü1
„Voilà! Das Auge isst schließlich mit, wie wir Starköche sagen.“ Ü2

2

Benno wäscht den Salat und schneidet die Gurken und Tomaten. Dann gibt er alles zusammen in eine große Schüssel.
Auf einem Teller liegt Schafskäse. Benno nimmt eine Gabel und zerdrückt den Käse in kleine Stücke.

„Benno?", ruft jemand im Lokal.
„Ich bin in der Küche!", antwortet Benno.

Ein junger Mann geht schnell durchs Lokal in die Küche. An der Tür bleibt er stehen und sagt erstaunt:
„Hombre[3]! Der neue Koch! Ist Leo in Rente?"
„Felipe!"
„Sag, Alter, machst du hier einen auf Kochshow?"

Benno wäscht seine Hände und seufzt: „Tja, wenn man sich nur von Hamburgern und Pommes ernährt, dann fehlt einem natürlich das Verständnis für die hohe Kochkunst."
„Du hast die Fischstäbchen und die Currywurst vergessen! Aber ohne Scherz, was machst du hier?"
„Das siehst du doch. Ich helfe Leo, und ich muss sagen, das macht echt Spaß!"
„Kochen oder Essen?"
„Beides!", lacht Benno. „Möchtest du etwas trinken?"
„Oh ja, gern. Kann ich eine Cola haben?"

3 *Hombre!*: span. *Mensch! Mann!*

„Wo ist eigentlich Leo?"
„Der musste kurz weg. Warum fragst du?"
„Hm, äh, ich wollte ihn was fragen."
„Ich kann ihm gerne etwas ausrichten."
„Nee, lass mal. Das muss ich mit ihm persönlich besprechen."
„Jetzt bin ich aber neugierig!"
Felipe trinkt seine Cola.

„Aber vielleicht kannst du mir ja auch helfen. Weißt du, was es kostet, wenn man die Kneipe hier für einen Abend mieten will?"
„Wieso – willst du eine Schulparty bei uns feiern?"
„Quatsch! Ich habe eine super Geschäftsidee! Aber dazu brauche ich einen großen Raum."
„Aha. Und was ist das für eine Idee?"
„Kann ich im Moment noch nicht sagen. Du fragst Leo und ich komme morgen nach der Schule, o. k.?"
„Abgemacht."

Ü3

Im selben Moment fährt Leo mit dem kleinen Lieferwagen in den Hof.
„Da kommt Leo. Jetzt kannst du ihn gleich selbst fragen."
„Frag du ihn, bitte. Ich muss los, noch ein paar Sachen abchecken[4]. Bis morgen, Herr Bouquet!"
„Bocuse!"
„Hä?"
„Der Koch heißt Bocuse. Paul Bocuse!", lacht Benno.

Leo kommt mit Kartons in die Küche.
„Ist der Salat fertig?"
„Ja! Gewaschen und geschnitten. Jetzt fehlt nur noch die Sauce von Meisterhand."
„Die macht heute mein Assistent."

4 *abchecken*: ugs./engl. für *klären, prüfen*

Sehr gut! Schmeckt wirklich gut! Was hast du alles drin?"
„Öl, Essig, fein gehackte Zwiebeln, Kräuter, Senf, Salz und Pfeffer."
„Prima! So, dann machen wir mal die anderen Gerichte für heute Abend."
„Kann ich dich vorher noch was fragen, Leo?" Ü4

„Habt ihr Streit?"
Leo sieht zur Küchentür. Anna kommt herein. Anna ist Studentin und jobbt in Leos Kneipe.
„Nein, wir haben keinen Streit. Benno hat irgendeinen Plan und will ihn mir nicht verraten."
„Hallo, Anna! Glaub' ihm kein Wort! Felipe hat eine neue Geschäftsidee und möchte die Kneipe mieten. Ich habe nichts damit zu tun!", protestiert Benno.
„Cool! Vielleicht macht er einen illegalen Club auf?"
„Was meinst du mit ‚illegal'?"
„Na ja, so nennt man ungewöhnliche Orte, wo junge Leute feiern. Kurz vorher bekommt man eine Mail oder eine SMS mit der Adresse. Dann kommen alle und tanzen, trinken und machen Party."
„Illegaler Club! Kommt nicht in Frage! Ich bin gerade auf dem Weg zur Spitzengastronomie!", lacht Leo. „Gleich kommen die ersten Gäste!"

3

Es ist halb drei. Die Mittagsgäste sind gegangen, und das Lokal *Leo & Co.* ist fast leer.

Benno bringt das schmutzige Geschirr in die Küche und stellt es in die Geschirrspülmaschine.

Leo macht Pause in seinem Atelier.

Felipe kommt ins Lokal, über der Schulter hängt sein Rucksack und in der Hand trägt er seinen Mofa-Helm. Er ist schlecht gelaunt.

Felipe geht in die Küche.

„Hi, Benno! Gibt's noch was zu essen? Ich hab' Hunger wie ein Wolf!"

„Tut mir leid, Currywurst und Fischstäbchen sind alle!", sagt Benno.

„Sehr witzig!"

„Ich mache dir eine Lasagne warm, o. k.?"

„Danke! Du bist wie eine Mutter zu mir", grinst Felipe.

Er ist jetzt schon besser gelaunt.

Ein paar Minuten später bringt Benno einen Teller mit Lasagne und eine Cola an den Tisch.

„Guten Appetit! Ich muss wieder in die Küche. Und um drei mache ich den Laden zu."

„Warte mal!", ruft Felipe mit vollem Mund. „Hast du Leo gestern gefragt?"
„Ja, hab' ich. Er vermietet die Kneipe nicht. Schon gar nicht, wenn er nicht weiß, was da stattfinden soll."
„Ich esse die Lasagne, du machst die Küche fertig, dann trinken wir einen Espresso und ich erzähle dir meine super Idee, o. k.?"
„Ich kann es kaum erwarten."

Eine Viertelstunde später trinken Benno und Felipe Espresso.
„Also pass mal auf. Wir brauchen ..."
„Entschuldigung! Hast du eben wir gesagt?"
„Klar! Du und ich, wir! Jetzt hör mir doch einfach mal zu. Es geht um Speed Dating!

Wir brauchen einen großen Raum mit acht Tischen. Die Kneipe eignet sich perfekt!"
„Und wozu brauchst du acht Tische?"
„Bitte, Benno, hör einfach zu! Wir laden sechzehn Leute ein, 8 Männer, 8 Frauen. An jedem Tisch sitzt ein Paar. Jeder Gast bezahlt 30 Euro und wir machen einen Gewinn von 480 Euro! Na, wie findest du das?"

„Bist du jetzt komplett verrückt geworden? Wieso sollten sechzehn Leute Geld dafür bezahlen, dass sie zu zweit an einem Tisch sitzen?"
„Speed Dating, mein Lieber! Na, klingelt's?"
„Hab' ich schon mal gehört. Aber was ist das genau?"

„Pass auf: Speed Dating heißt, 8 Männer und 8 Frauen treffen sich, um sich kennenzulernen. Sie sitzen immer zu zweit an einem Tisch und haben 8 Minuten Zeit, um sich vorzustellen. Nach 8 Minuten bekommt jeder einen neuen Gesprächspartner. Wenn alle Männer mit allen Frauen gesprochen haben – oder umgekehrt, notieren alle auf ein Kärtchen, wen sie gerne noch einmal treffen möchten.
Wir sammeln die Kärtchen ein, schicken den Leuten eine Mail
Ü5 und das war's! Capito[5]?"

„Noch nicht so ganz. Aber das ist ja auch egal. Leo vermietet seine Kneipe nicht.
Obwohl, eine Chance gibt es vielleicht: Leo sagt, die Leute kommen zum Essen und Trinken her. Wie wäre es denn, wenn die Leute immer eine Kleinigkeit dazu essen würden? Ich meine, bei jedem Wechsel. Einen kleinen Snack oder Fingerfood."

5 *Capito?*: ital. *Verstanden? Klar?*

„Alter! Du bist ein Genie! Und wir verlangen einfach mehr. Vielleicht 50 Euro?"
„Und du bist ganz sicher, dass es Leute gibt, die dafür bezahlen, andere Leute kennenzulernen?"
„Das Geschäft boomt[6]! Ich sag's dir! Geh einfach mal ins Internet! Unser Risiko ist fast null! Wir brauchen ein paar Flugblätter und malen ein paar Plakate – und wenn niemand kommt, haben wir auch keine Unkosten!"
„Klingt logisch. Ich bin dabei!"
„Super! Und du fragst Leo noch mal, o. k.?"
„Mach' ich. Gleich heute Abend." Ü6

6 *boomen*: engl. *großen wirtschaftlichen Erfolg haben*

4

An diesem Abend ist das Lokal fast voll und Leo und Benno haben viel zu tun. Sie bereiten in der Küche das Essen vor und Anna macht den Service.

„Zweimal das Züricher Geschnetzelte, einmal Chili con Carne und dreimal den Bauernsalat mit Baguette."
„Alles für einen Tisch?"
„Ja! Tisch 4."
„O. k., wir machen zuerst das Geschnetzelte, der Rest ist fertig. Dann kannst du alles gleichzeitig servieren. Die Spaghetti für Tisch 2 kannst du schon mal mitnehmen."

Um 22 Uhr haben alle Gäste gegessen. Die Tische sind fast abgeräumt und Leo, Benno und Anna haben Pause.
„Wer möchte einen Schluck Rotwein?“, fragt Leo.
„Ich!“, antwortet Benno. „Du auch, Anna?“
„Ach ja, warum nicht? Heute arbeite ich sowieso nicht mehr für die Uni.“
Leo bringt drei Gläser Rotwein.
„Prost!“

„Ach so, was macht eigentlich Felipes Geschäftsidee? Weißt du was Neues?“
„Ja, er war heute Nachmittag hier und seitdem bin ich sein Partner! Wir möchten ein Speed Dating veranstalten, mit Essen und Trinken!“ Ü7

„Leo?“
Ein Mann steht an der Theke und ruft.
„Ich komme! Geh doch schon mal rauf ins Atelier, Klaus!“, ruft Leo zurück.
„Entschuldigt mich bitte. Ich hab’ jetzt einen Termin. Zwei Singles, männlich, beide um die fünfzig, unterhalten sich. Ohne Gong und ohne Partnerwechsel. Einfach so lange, wie sie wollen. Macht ihr hier klar Schiff[7]?“
„Ay, ay, Käpt’n!“, lacht Benno.

Klaus Meier ist Leos bester Freund. Zusammen mit seiner Tochter Veronika hat er die Kfz-Werkstatt *Meier & Meier*. Seine Spezialität sind Oldtimer. Manchmal ist er

7 *klar Schiff machen*: Redewendung, hier: *aufräumen*

die halbe Nacht in der Werkstatt und repariert alte Autos. Aber heute besucht er lieber Leo.

Die letzten Gäste sind um 23 Uhr gegangen.
Anna wurde von Paco abgeholt. Paco ist Annas Freund. Er studiert auch und beide haben immer viel zu wenig Zeit füreinander.

Benno schließt die Kneipe zu. Dann geht er in seine Wohnung im 1. Stock.
Er geht direkt in seinen Arbeitsraum, schaltet den Computer ein und liest seine Mails:
„Drei Mails von Felipe!"

20:09
Hombre, wollte dich nur erinnern: Leo fragen!
:-)) Felipe

21:34
Na? Hast du gute Neuigkeiten?
Melde dich, por favor[8]!!!!
Dein Geschäftspartner

22:42
Alter, was ist los???
Ich gehe jetzt schlafen – muss morgen früh raus.
:-)) Felipe

8 *por favor*: span. *bitte*

Benno klickt auf „Antworten“ und schreibt:

23:10
Hi, Felipe.
Heute Abend war viel los in der Kneipe und ich habe bis eben gearbeitet.
Aber ich habe gute Nachrichten:
Leo gibt uns die Kneipe für das Speed Dating!!!
Mein Vorschlag mit dem Essen hat ihn überzeugt!
Und Anna möchte den Service übernehmen. Wie findest du das?
Jetzt aber gute Nacht – und melde dich morgen.
Ich bin ab ca. 11 Uhr in der Kneipe.
Benno

Ü8

5

A

Nie mehr allein!

Möchten Sie nette Leute kennenlernen, in angenehmer Atmosphäre und mit köstlichem Essen?

Dann kommen Sie am ______ um 20 Uhr in das Lokal *Leo & Co.*
Unkostenbeitrag 50,– €
Begrenzte Teilnehmerzahl!

Melden Sie sich noch heute an!

B

8 Frauen – 8 Männer – 8 Gerichte – 8 Minuten!

Speed Dating mal anders: essen, reden, kennenlernen.

Wir bieten 8 männlichen und 8 weiblichen Singles die Gelegenheit am ______ um 20 Uhr an dieser Veranstaltung teilzunehmen.

Buchen Sie noch heute!

Erfahrungsgemäß sind die wenigen Plätze sehr schnell ausgebucht!

Benno zeigt Felipe die Textentwürfe.
„Na, welchen Entwurf findest du besser?"
„Hast du die Texte geschrieben?"
„Nö, die hab' ich im Internet gesucht. Da findest du tausende solcher Einladungen. Also, welchen nehmen wir?", fragt Benno ungeduldig.
„Ich weiß nicht. Aber fragen wir doch einfach Anna."

Anna kommt in die Kneipe.
„Hallo, Jungs!"
„Anna, kannst du mal kommen?", ruft Benno.

„Was gibt's?"
„Lies doch bitte mal. Welchen Text findest du besser?"
Anna liest.
„Hm, ich finde den zweiten Text besser, irgendwie knackiger. Aber wirklich gut ist der auch nicht."
Anna liest die Texte noch einmal. Ü9

Felipe steht auf und packt seinen Rucksack.
„Also, Leute, ich muss los. Ihr könnt den finalen Text ja später noch schreiben. – Anna, bitte sag Paco nichts von der Veranstaltung, ja?" Paco ist Felipes Cousin.
„Wieso? Paco muss nicht zum Speed Dating, er hat doch mich!", lacht Anna.
„Hombre, dann erfahren das alle in meiner Familie und nerven

wieder: Du bist noch nicht achtzehn! Lern lieber für die Schule! Und so weiter."

„Ich werde schweigen wie ein Grab!"

„Und, Benno, wenn du mir den Text heute noch schickst, dann mach' ich morgen die Kopien, o. k.?"

„Moment, Partner, du kannst noch nicht gehen. Wir müssen noch viel mehr besprechen: Termin und Uhrzeit, Altersgruppe, Essen, Trinken, ..."

„Besprich das doch mit Anna und schick mir die Daten."

„Ach, bin ich jetzt plötzlich die Organisatorin, oder was?"

„Eine Frau als Veranstalterin fänd' ich voll[9] korrekt! Und du, Partner?"

„Ich? Ja, klar! Klasse!"

› Ü10

› Ü11

9 *voll korrekt*: Jugendsprache: *völlig korrekt*

6

Mittwochabend.
Anna, Benno und Felipe haben alles vorbereitet. In der Kneipe stehen acht Tische, an jedem Tisch stehen zwei Stühle.
Am Eingang steht ein großer Tisch.
Felipe hat die Anmeldungen ausgedruckt und in eine Mappe gelegt.
Auf dem Tisch am Eingang stehen eine Kasse und ein Gong.

Pünktlich um halb acht kommen die ersten Teilnehmer.
Benno empfängt sie gut gelaunt.
„Guten Abend!"
„Guten Abend. Mein Name ist Julia Schlüter ..."
„Ähm, Frau Schlüter, heute Abend sind Sie ..."
Er liest in der Anmeldungsliste.
„... heute Abend sind Sie ‚Angelina'. Alle Teilnehmer verwenden heute nur Phantasienamen. Damit bleiben Sie erst mal anonym."
„Ach ja, richtig. Und wer sind Sie?"
„Ich bin Benno. Ich bin heute Ihr Dating Angel[10]."
„Hallo, ich bin Obelix!", lächelt ein dicker Mann und begrüßt Benno. „Das mit den verschiedenen Gerichten ist übrigens eine ausgezeichnete Idee!"

Benno bedankt sich mit einem Lächeln für das Kompliment und geht mit Anna zu den anderen Teilnehmern.

10 *der Dating Angel*: engl., die Person, die bei einem Speed Dating die Veranstaltung leitet

Im Vorbeigehen zählt er die Leute.
Acht Frauen und sieben Männer.
Er sieht auf die Uhr: 19 Uhr 40.

Benno geht zum Tisch am Eingang. Dort steht jetzt Felipe.
„Einer fehlt. Kannst du mal checken, wer das ist?"
„Aber fünfzehn Leute sind da! Alter, wir haben 750 Mäuse[11] in der Kasse!!"
„Schon o.k., Partner, aber wir wollen doch auch eine gute Veranstaltung machen, oder? Und wenn in jeder Runde eine Frau alleine bleibt, dann ..."
„Hombre, entspann dich! Der kommt schon noch!", unterbricht Felipe. „Wir warten bis acht Uhr."
„Und dann?"
„Keine Ahnung. Ich kann auf keinen Fall mitmachen!"
Ü12 „Natürlich nicht. Du bist viel zu jung! Und ich auch nicht. Das
Ü13 wäre ja richtig blöd! – Hm."

11 *Mäuse*: ugs. für *Geld* (hier: 750 Euro)

Es ist kurz nach acht und Klaus Meier kommt in die Kneipe.
„Super! Danke, Klaus!“, begrüßt ihn Benno.
„Zuerst zahlen! Ich bekomme fünfzig Euro, bitte schön!“, sagt Felipe.
„Wie bitte? Was soll ich?“, fragt Klaus.
„Nichts, nichts. Ein kleiner Scherz von Felipe. Komm, es fängt gleich an.“
Benno geht mit Klaus zu den anderen Teilnehmern.

Er klatscht in die Hände und ruft:
„Sehr geehrte Damen und Herren, gleich geht es los.
Das Motto für heute Abend lautet:
8 Frauen, 8 Männer, 8 Gerichte, 8 Minuten!
Ich begleite Sie jetzt zu Ihren Tischen.
Die Regeln sind Ihnen ja bekannt.
Wenn der Gong ertönt, beginnt die erste Runde.
Wir wünschen Ihnen einen schönen Abend!“

Alle haben an ihren Tischen Platz genommen.
Felipe schlägt auf den Gong und schaltet seine Stoppuhr ein.

7

„Ich bin Angelina. Und wer bist du?“
„Sehr erfreut. Ich bin, äh, ich bin Elvis ...“

Klaus erinnert sich an das Telefonat mit Benno:
„Du musst einfach nur mit ein paar Damen plaudern. Dazu gibt’s leckere Kleinigkeiten. Und denk dir unbedingt einen Phantasienamen aus!“

„Angelina und Elvis. Passt doch gut zusammen, oder?“
„Wie? Ja, ja, da haben Sie recht.“
„Elvis, wir duzen uns hier. Du bist wohl zum ersten Mal bei einem Dating?“
„Ja, zum ersten Mal.“
„Und sehr gesprächig bist du auch nicht. Was machst du denn beruflich, Elvis?“
„Ich repariere Autos. – Meine Spezialität sind Oldtimer.“
Das findet Angelina schon besser.
„Alte Jaguars und so?“
„Genau! Auch mal einen Aston Martin, oder einen Bentley.“
„Toll! Mit einem richtigen Oldtimer wollte ich schon immer mal fahren. Gibt’s da nicht auch Rallyes?“
„Ja. Manchmal fahre ich mit einem Kunden. Dann hat er sozusagen den Mechaniker gleich dabei.“

Angelina lacht und Klaus findet seine Gesprächspartnerin mittlerweile ganz sympathisch.

Ü14

Ü15

„Dongggg!"

Die acht Minuten sind sehr schnell vergangen.
Benno achtet darauf, dass der Partnerwechsel funktioniert, und Anna serviert neue Snacks.
Felipe schlägt wieder den Gong und drückt die Stoppuhr.

Klaus sitzt jetzt am Tisch einer anderen Frau. Sie hat rote Haare und ist stark geschminkt.

„Ihr beide habt euch ja bestens unterhalten."
„Wir? Ähm, wieso?", fragt Klaus verlegen.
„Ich habe euch beobachtet. Ich bin übrigens Rotkäppchen."
„Aha, äh, sehr erfreut. Ich bin Elvis. Und wieso hast du dich nicht mit deinem Partner unterhalten?"
„Der sucht keine Frau, der sucht eine Köchin."

Dann beugt sich die Frau über den Tisch. Sie spricht leise und mit heiserer Stimme:
„Suchst du auch eine Mutti, Elvis? Oder mehr eine Partnerschaft, bei der es knistert?"

Klaus lacht.
„Am besten wäre natürlich beides: Ich komme abends müde aus der Werkstatt, meine Partnerin hat ein leckeres Abendessen gekocht und dann ..."
„... knistert es beim gemeinsamen Fernsehen. Nein, danke!", unterbricht ihn Rotkäppchen. „Ich glaube, aus uns beiden wird nichts. In meiner Idealbeziehung komme natürlich ich am Abend nach Hause, und mein Partner muss kein Geld verdienen. Er hat Zeit mich zu verwöhnen ..."
„Tja, dann wünsche ich dir viel Glück. Sechs Kandidaten warten ja noch."
Ü16 „Schade. Dabei wärst du genau mein Typ!"

Dooong!

Alle acht Minuten wechseln die Paare.
Die vorletzte Runde beginnt.
Anna serviert Chickencurry mit Reis.

Leo hat das Curry in kleinen Schälchen angerichtet, mit Kräutern dekoriert und zwei Essstäbchen dazugelegt.

„Hm! Köstlich!"
Klaus probiert das Curry.
„Isst du nichts?"
„Nein, danke. Ich hab' genug gegessen. Außerdem bin ich im Training."
„Läufst du?"
„Sieht man das nicht?"

Die Frau, die Klaus gegenüber sitzt, lacht.
Sie ist ziemlich dünn und wirkt sehr trainiert.

„Doch! Doch, doch!", sagt Klaus und isst weiter.
„Trainierst du für einen Marathon?"
„Ja, in vier Wochen fliege ich nach New York."

Klaus nickt anerkennend.
„In New York bin ich noch nie gelaufen. Aber immerhin in London, Berlin, München ..."
„Du läufst auch?"
„Klar! Sieht man das nicht? Aber im Moment habe ich zu viel Arbeit. Für ein richtiges Training ist da keine Zeit. Aber zwei-, dreimal in der Woche laufe ich schon."

„Ich glaube, ich habe dich schon mal gesehen. Warst du beim letzten Stadtmarathon dabei?"
„Ja, war ich. Aber da waren ja fast zehntausend ..."
„Tja. Manche fallen eben auf. Und was machst du sonst so?"

„Ich habe eine Kfz-Werkstatt, meine Spezialität sind Oldtimer, dann habe ich eine erwachsene Tochter und die süßeste Enkelin der Welt!“
„Jetzt weiß ich, woher ich dich kenne: vom Kindergarten! Du bist der Großvater von Iris.“
„Psst! Nicht so laut! Mit einem Großvater will sich bestimmt keine der Damen verabreden.“
„Bist du wirklich hier, um jemanden kennenzulernen?“
„Ganz ehrlich gesagt: nein. Ich bin sozusagen der Ersatzmann.“

Die junge Frau lacht.
„Und du?“, fragt Klaus.
„Ich ja. Ich war schon öfter bei solchen Veranstaltungen und manchmal lernt man wirklich jemanden kennen.“

› Ü17 „Dooong!“
› Ü18

8

„Na, wie läuft's?"
„Gut. Ich glaube, die Leute unterhalten sich bestens."
„Und Klaus?"
„Der sowieso. Was gibt es als nächsten Gang?"
„Du meinst als letzten Gang! Zum Abschluss gibt es jetzt einen kleinen Nachtisch: Weiße Schoko-Mousse mit Beeren."
„Hast du davon genau sechzehn Portionen?", fragt Anna vorsichtig.
Leo lacht. „Nein, zwanzig!"

„Anna, bist du soweit?" Benno steht in der Tür. „Die letzte Runde beginnt gleich. Bis jetzt läuft es super! Ich glaube, alle sind zufrieden."

Der Gong ertönt zur letzten Runde und wieder stellt Felipe seine Stoppuhr auf acht Minuten ein.

Um Viertel nach neun schlägt Felipe auf den Gong und die Veranstaltung ist zu Ende.
Benno stellt sich wieder in die Mitte des Lokals und bedankt sich bei den Teilnehmern der Veranstaltung.

„Liebe Gäste! ‚8 Frauen, 8 Männer, 8 Gerichte, 8 Minuten!‘ war heute Abend das Motto.
Unsere Veranstaltung ist nun zu Ende und wir sammeln jetzt gleich die Kärtchen ein, die Sie zu Beginn erhalten haben. Bitte kontrollieren Sie noch einmal, ob Ihr Name darauf steht und der Name der Person, oder der Personen, die Sie näher kennenlernen möchten.

Wir werten die Kärtchen bis morgen aus und Sie erhalten eine Mail mit den Namen der Kandidaten oder Kandidatinnen, die auch Sie wiedersehen möchten.
Wir danken Ihnen für Ihr Kommen, und wir danken Leo, der all die Köstlichkeiten für Sie gezaubert hat.
Und vielleicht bis zum nächsten Mal, wenn es wieder heißt:
‚8 Frauen, 8 Männer, 8 Gerichte, 8 Minuten!'"

Die Teilnehmer applaudieren und Felipe bekommt einen knallroten Kopf.
„Alter, das war nicht abgesprochen!", schimpft Felipe.
„Quatsch nicht, sammle die Zettel ein."

„Auf Wiedersehen!"
„Das war ein richtig netter Abend!"
„Auch wenn mich niemand auswählen wird, mir hat es Spaß gemacht! Auf Wiedersehen."
Alle Gäste verlassen das Lokal. Nur Klaus nicht, er geht direkt in die Küche zu Leo. Ü19

„Leo, wir sind fertig!"
Benno kommt in die Küche.
„Wir haben aufgeräumt und die Kneipe sieht jetzt wieder wie immer aus. Jetzt müssen wir nur noch abrechnen und dann können wir Feierabend machen."
„Abrechnen können wir doch morgen. Ich räume die Küche auf und gehe noch ein bisschen ins Atelier."

„Habt ihr die Kärtchen auch schon ausgewertet?“ Klaus ist neugierig.
„Ich habe mit Anna aufgeräumt, aber Felipe war bestimmt so gespannt wie du! Warte, ich frag’ ihn mal.“
„Felipe? Bist du mit der Auswertung schon fertig?“
„Ja, gleich! Einen Moment noch!“

In der Küche stehen Anna, Benno, Leo und Klaus und warten gespannt auf die Auswertung. Felipe kommt mit der Liste und grinst:
„Was wollt ihr denn wissen?“
„Ist das nicht ein bisschen indiskret, was wir hier machen?“, fragt Anna unsicher.
„Ach was! Ihr seid die Veranstalter und müsst die Leute doch sowieso benachrichtigen. Und uns interessiert nur eines, nicht wahr, mein Lieber, nämlich: Welche Dame möchte sich mit Klaus verabreden?“

Felipe sieht auf die Liste:
„Keine!“

9

Klaus Meier arbeitet in der Werkstatt.

Er liegt gerade unter einem Wagen, als das Telefon klingelt.

„Ralf! Ralf! Gehst du mal ran, bitte!"

Das Telefon klingelt weiter.

„Ralf! Geh ran!!"

Klaus kriecht unter dem Wagen hervor, schimpft und sucht das Telefon.

„Kfz-Werkstatt *Meier & Meier* ..."

Aufgelegt.

„Mist!"

Gerade als er wieder unter den Wagen kriechen will, klingelt das Telefon noch einmal. Ziemlich unfreundlich nimmt er den Anruf entgegen:

„*Meier & Meier*!"

Ü20

„Fünfzehn Leute haben den vollen Preis bezahlt, also jeder fünfzig Euro. Davon bekommen wir dreißig und Leo zwanzig."
„So viel?", motzt Felipe.

„Na ja, er hat 120 Snacks zubereitet und die Miete. Ich finde, das ist ein fairer Preis."
„Finde ich auch!", sagt Anna.
„Für uns bleiben da immer noch, warte mal, hundertfünfzig für jeden. Das ist doch o.k. für zwei Stunden Arbeit?"
„Ich müsste ja eigentlich mehr bekommen. Immerhin hatte ich die Idee!"

Benno sieht Anna an und zuckt mit den Schultern.
„Von mir aus. Ich gebe dir gerne was von meinem Geld ab."
Felipe winkt ab und sagt:
„Ich meine ja nur. Aber Klaus könnte wenigstens das Essen bezahlen!"
„Jetzt mach aber mal halblang! Wir können froh sein, dass er so spontan gekommen ist! Ohne ihn hätten wir ganz schön dumm dagestanden, du bist wirklich ..."

Anna schimpft. „Und eine Verabredung hat er auch nicht bekommen ..."

„Aha! Der Tag der Abrechnung!"
„Hallo, Leo."
„Na, seid ihr zufrieden mit dem Ergebnis?"
„Wir schon, aber Felipe nicht!", lacht Anna.
„Quatsch!"

Benno zählt Geldscheine ab:
„120 Snacks und die Miete, dreihundert Euro für dich."
„Nee, lass mal. Ich will keine Miete. Ich bekomme das Geld fürs Essen und den Rest teilt ihr euch, o.k.?"

50
10 EURO
10
20 EURO
50 EURO

„Danke, Leo!“
„Hombre, fairer Deal!“

„So, und jetzt muss ich in die Küche. Anna, kannst du bitte Tisch 3 besonders schön decken? Wir haben eine Reservierung für zwei.“
„Wird gemacht, Chef!“
„Ach ja, Blumen sind in der Küche und neben die Blumenvase legst du bitte dieses Kärtchen.“

Angelina & Elvis

Ü21

ENDE

KAPITEL 1

1a Was bereiten Leo und Benno in der Küche vor?

___

1b Für wen machen sie das?

___

2 Was wissen Sie sonst noch über Benno und Leo? Notieren Sie.

KAPITEL 2

3 Was für eine Geschäftsidee könnte Felipe haben? Sammeln Sie Ideen.

4a Wie hoch ist der Mietpreis von Leos Kneipe für einen Abend? Hören Sie.

___

4b Ergänzen Sie die Sätze.

Ich bin doch kein Veranstaltungsbüro! • Und was ist jetzt die große Frage? • Will Felipe eine Familienfeier machen? • Was hat er denn vor? Eigentlich ist es ja eine Frage von Felipe. • er braucht einen großen Raum. • Es klang mehr nach einer neuen Geschäftsidee. • ich weiß es nicht.

„Frag mich alles, was du willst. Aber ich kann doch nebenbei kochen, oder?"

„Klar. ______________________________

______________________________"

„Jetzt bin ich aber gespannt. Warum fragt er mich nicht selbst?"
„Felipe war vorhin da, aber du kennst ihn ja: immer in Eile."

„______________________________

______________________________"

„Was kostet es, wenn man für einen Abend deine Kneipe mietet?"

„______________________________"

„Glaub' ich nicht. ______________________________

______________________________"

„Oh Gott!"
„Wie teuer ist es denn nun?"

„______________________________"

„Hat er mir nicht gesagt. Er sagte nur, ______________________________

______________________________"

„Und du hast wirklich keine Ahnung?"

„Nein. Ehrlich, Leo, ______________________________"
„Ich vermiete meine Kneipe nicht. Zu mir kommen die Leute zum Essen und zum Trinken. ______________________________

______________________________"

4c Hören Sie noch einmal und vergleichen Sie mit Ihren Angaben.

KAPITEL 3

5a Das ist Felipes Geschäftsidee:

____

5b Kennen Sie Speed Dating? Was wissen Sie darüber? Notieren Sie.

6 Boomt das Geschäft wirklich? Gehen Sie ins Internet und recherchieren Sie.

KAPITEL 4

7a Wie reagiert Leo auf Bennos Vorschlag? Hören Sie und notieren Sie.

7b Hören Sie noch einmal und beantworten Sie die Fragen.

Weiß Anna, was Speed Dating ist? Wenn ja, woher?

___

Leo ist nicht begeistert. Wie gelingt es Benno, Leo umzustimmen?

___

Unter welcher Bedingung macht Leo mit?

___

Anna bietet ihre Hilfe an. Was möchte sie tun?

___

7c Lesen Sie, hören Sie und vergleichen Sie.

„Speed Dating? Nie gehört. Was ist das denn?"
„Das ist eine Veranstaltung, bei der männliche Singles weibliche Singles kennenlernen – oder umgekehrt."
„Eine Partnervermittlung? Bei mir? Kommt nicht in Frage!"
„Leo, jetzt hör doch erst mal zu. Also, das funktioniert so: Bei der Veranstaltung gibt es mehrere Runden. Diese Runden dauern jeweils sieben oder acht Minuten. Und in dieser Zeit haben die Leute Gelegenheit, sich gegenseitig ein wenig kennenzulernen. Wenn eine Runde vorbei ist, ertönt ein Gong, und die Leute notieren auf einem Zettel, ob sie ihr Gegenüber gerne wiedersehen wollen – oder nicht. Dann bekommt jeder einen neuen Gesprächspartner. Ja, und das wiederholt sich eben so oft, bis jeder mit jedem einmal gesprochen hat. Am Ende sammelt der Veranstalter die Zettel ein und wertet sie aus. Und am nächsten Tag erfährt jeder Teilnehmer, wer von seinen möglichen Kandidaten auch ihn gerne wiedersehen möchte."

„Aha. Und woher weißt du das alles?"
„Ich hab' mal einen Film gesehen: Shoppen. Da geht es um Speed Dating. Ein super Film!"
„Und das wollt ihr bei mir in der Kneipe machen?"
„Ja."

„Und wie viele Leute sollen da kommen?"
„Sieben oder acht Frauen und sieben oder acht Männer."
„Und danach essen die Leute zusammen?"
„Nein. Wir dachten, sie essen eine Kleinigkeit, während sie miteinander sprechen: Fingerfood zum Beispiel. Und bei jeder Runde gibt es etwas anderes."
„Das finde ich ja eine tolle Idee."
„Von mir übrigens ..."
„Ich muss sagen, du lernst schnell."
„Und?"
„Von mir aus. Aber ich bin nur in der Küche. Die Planung macht ihr."
„Und ich serviere die Häppchen!"

8 Felipe ist noch wach und antwortet Benno sofort. Schreiben Sie Felipes E-Mail.

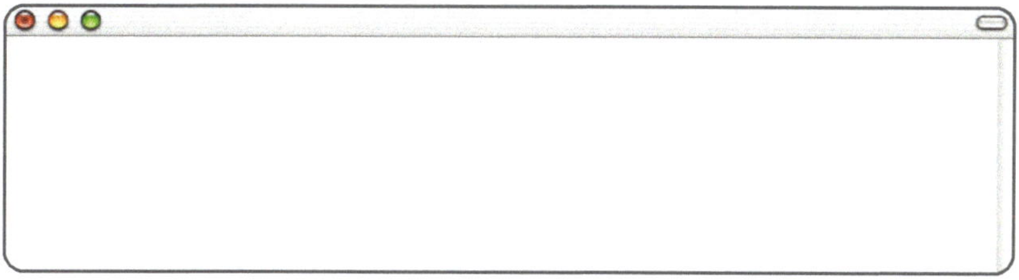

KAPITEL 5

9 Text A oder B? Welcher gefällt Ihnen besser? Begründen Sie Ihre Wahl.

Ich finde Text A besser, ... / Mir gefällt Text B besser, ...

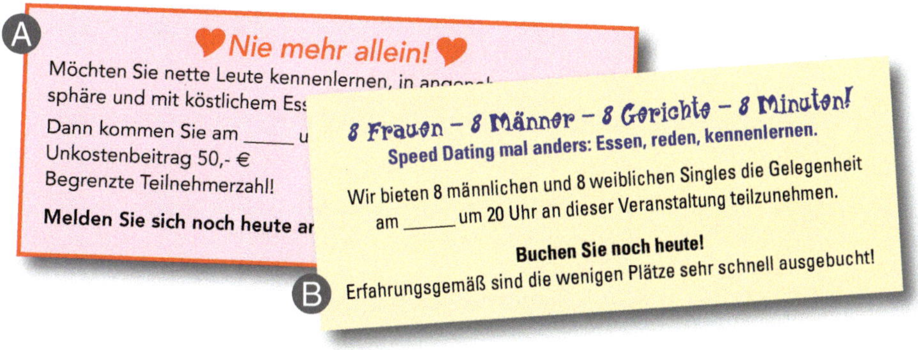

10a Was besprechen Anna, Benno und Leo? Hören Sie.

____

10b Hören Sie noch einmal und notieren Sie die Informationen.

Wann? ______________________

Wochentag: ______________________

Datum: ______________________

Uhrzeit: ______________________

Essen/Trinken: ______________________

Personenanzahl: ______________________

10c Vergleichen Sie mit Ihren Notizen.

„Wann soll denn der Abend stattfinden?"
„Was meinst du, Anna? In zwei Wochen?"
„Wenn Felipe morgen die Einladungen verteilt, könnte das klappen."
„An was für einen Wochentag habt ihr denn gedacht? Oder soll es am Wochenende sein?"
„Nein, nein, am Wochenende auf keinen Fall. Am besten mitten in der Woche. Sagen wir am Mittwoch!"
„Mittwoch finde ich gut."
„O.k. Das ist der Sechzehnte. Uhrzeit?"
„Um acht?"
„Besser halb acht. Zuerst gibt es einen Begrüßungscocktail, man redet ein bisschen und um acht geht es los."
„Hm. Und dazu wollt ihr verschiedene kleine Gerichte bestellen?"
„Ja, äh, nein. Wir brauchen acht verschiedene Snacks. Zu jeder Vorstellungsrunde serviert Anna etwas anderes."
„Genau."
„Und es kommen 16 Leute?"
„Ja."
„Das ist 'ne ganze Menge ..."
„Aber bei der Vorbereitung helfe ich dir natürlich!"
„Gut. Ich habe alles notiert."
„Und wir beide, Benno, formulieren jetzt noch einen schönen Text."

11 Formulieren Sie auch einen Einladungstext.

KAPITEL 6

12 Was für ein Problem haben Benno und Felipe? Wie können sie es lösen?

13a Bekommt Benno Hilfe von Leo? Hören Sie.

13b Hören Sie noch einmal und machen Sie Notizen.

13c Fassen Sie Ihre Notizen zusammen und schreiben Sie einen kurzen Text.

____

____

____

____

13d Vergleichen Sie mit Ihrem Text.

„Ähm, Leo ..."
„Komm rein, Benno. Du wolltest mir doch helfen?"
„Ja, ich komme gleich. Die Veranstaltung geht gleich los, dann habe ich Zeit."
„Es eilt nicht. Die nächsten beiden Runden habe ich schon fertig: Zuerst gibt es Bruschetta und dann ..."
„Leo, wir haben ein Problem."
„Was ist los?"
„Uns fehlt ein Mann."
„Der kommt schon noch."
„Und wenn er nicht kommt? Ich dachte, vielleicht ..."
„Oh nein, oh nein, mein Lieber! Das habe ich euch doch neulich schon gesagt: Ich bin nur in der Küche!! Den Rest macht ihr. Und zwar alleine!!"

„Ja, aber ..."
„Kein Aber. Das ist mein letztes Wort! Ich mach' mich doch nicht zum Affen. In meiner eigenen Kneipe. – Guten Abend, ich bin Picasso und ich male gern ..."
„Und Klaus? Meinst du, Klaus würde einspringen?"
„Ha, ha! Ruf ihn an, dann wirst du schon hören, was er sagt! – Klaus! Das ist genau der Richtige ..."

KAPITEL 7

14 Das erfährt Angelina über Elvis:

15a Was erfährt Elvis (Klaus) über Angelina? Hören Sie.

Angelina:

15b Lesen Sie und vergleichen Sie mit Ihren Notizen.

„Und was machst du so beruflich?"
„Ehrlich – oder als Angelina?"
„Das verstehe ich jetzt nicht: Ich dachte, nur unsere Namen sind erfunden."
„Als Angelina wäre ich natürlich Filmschauspielerin in Hollywood. Im richtigen Leben bin ich Personalchefin in einem großen Kaufhaus."
„Und da lernst du keine Leute kennen. – Oh, Entschuldigung! Das ist mir jetzt so rausgerutscht."
„Nein, nein, du hast schon recht. Ich habe zwar jeden Tag mit vielen Menschen – und Männern zu tun, aber der Richtige war noch nicht dabei."
„Und du glaubst, bei einem Speed Dating findest du den Richtigen?"
„Na ja, immerhin lerne ich gerade dich kennen. Das ist doch nicht schlecht für den Anfang. Und sieben weitere Kandidaten warten ja noch."

16 So stellt sich Rotkäppchen ihre Idealbeziehung vor:

Das möchte sie:	Das möchte sie nicht:
______________________	______________________
______________________	______________________
______________________	______________________

17a Notieren Sie die Gemeinsamkeiten von Elvis und seiner Partnerin.

17b Ergänzen Sie neue Informationen zu Elvis in Übung 14 (S. 55).

18 Lesen Sie Kapitel 7 noch einmal. Wie stehen die Chancen für Elvis (Klaus) und die drei Damen? Gibt es ein Wiedersehen? Mit wem? Begründen Sie.

Nein, ich glaube nicht, ... / Ich kann mir vorstellen, dass Elvis ... wiedersehen möchte. / Vielleicht ...? / Ich tippe auf ... / Hm, also ...

KAPITEL 8

19a Wie fand Klaus sein erstes Speed Dating? Hören Sie.

	R	F
1. Es war schlimm!	☐	☐
2. Es war ziemlich langweilig.	☐	☐
3. Es war ein richtig netter Abend.	☐	☐

19b Hören Sie noch einmal und ergänzen Sie.

„Jetzt brauche ich ein ________________!“
„War’s so schlimm?“
„Nein, gar nicht! Es war ein wirklich netter ________________.
Aber das viele ________________ macht durstig.“
„Warte, ich hole mir auch eins und dann erzählst du. – Prost, Klaus!“
„Prost, Leo! Also, wie gesagt, ein richtig netter ________________.
Und stell dir vor, es war sogar eine ________________ aus Iris’
________________ dabei.“
„Für die bist du vielleicht ein bisschen zu alt, mein ________________!“
„Wer weiß? Vielleicht hätte ich sogar ________________. Zumindest
könnten wir eine ________________ bilden.“
„Und sonst?“
„Das ________________ war spitze! Du hast dich mal wieder selbst übertroffen!“
„Ich meine nicht das ________________! Ich meine die
________________.“
„Ach so. Hm, ja, mit der einen oder anderen ________________
würde ich mich schon mal verabreden.“
„So, so. Und mit wem zum ________________?“
„Am besten habe ich mich mit ________________ unterhalten.“
„________________?“

„Bei so einer ________________ bleiben alle ________________

anonym. Man stellt sich mit ________________________ vor.“

„Ich weiß. Und wer warst du?“

„________________!“

KAPITEL 9

20a Wer ruft an? Hören Sie. Vergleichen Sie noch einmal mit Übung 18 (S. 56).

20b Bringen Sie den Dialog in die richtige Reihenfolge.

1 „Spreche ich mit Elvis Meier?“

___ „Leo!“

___ „Was denn?“

___ „Wie bitte? Elvis? – ... Ah, Angelina?“

___ „Tja, ich arbeite nebenberuflich als Privatdetektivin. – Nee, im Ernst, das war ganz einfach. Ich habe in der Kneipe angerufen, und gesagt, dass ich dort kürzlich einen sehr netten Herrn kennengelernt habe, der Oldtimer repariert. Und dann habe ich deine Telefonnummer bekommen.“

___ „Dass das mal eine richtig gute Idee von ihm war!“

___ „Wollen wir ihm das nicht beide zusammen sagen? Morgen Abend, so gegen acht?“

___ „Woher hast du denn meine Telefonnummer? Ähm, ich meine, woher weißt du eigentlich, wer ich bin?“

___ „Genau! Leo hat mir deine Telefonnummer gegeben.“

___ „Das ist ja unglaublich! Leo gibt wildfremden Damen einfach meine Telefonnummer? Dem werd' ich was erzählen!"

___ „Genau die! Aber du kannst auch Verena zu mir sagen."

___ „Perfekt! Ich freu' mich, Angelina!"

13 „Dann bis morgen, Elvis."

20c Hören Sie noch einmal und vergleichen Sie mit Ihrer Reihenfolge.

21 Würden Sie an einem Speed Dating teilnehmen?

Ja, warum nicht? ... / Auf keinen Fall! ... / Das kommt darauf an, ...

A DIE KLASSISCHE VARIANTE: PARTNERSUCHE

Die Idee kommt aus den USA. Erfunden hat sie keine kommerzielle Agentur, die einsame Herzen zueinander führt, erfunden hat sie ein Rabbi. Sein Name: Yaacov Deyo. Seine Absicht: die Gründung einer Kontaktplattform für jüdische Singles. Seine Erfahrung: Junge Menschen vergeuden auf der Suche nach dem richtigen Partner oder der richtigen Partnerin zu viel Zeit in kurzen und aussichtslosen Beziehungen. Seine Überzeugung: Die Suche nach der Liebe lässt sich abkürzen. Und so suchte er nach einer Form, wie Menschen schneller herausfinden können, ob sie zueinander passen oder nicht. Das Ergebnis: Speed Dating.

Das erste Speed Dating fand 1998 in Los Angeles statt. Es scheint, als habe der Rabbi damals den Nerv der Zeit getroffen. Seine Idee jedenfalls war ein Erfolg. Schon ein Jahr später gab es in 25 Städten weltweit Speed Dating-Veranstaltungen. Yaakov Deyo hat das Modell weiter untersucht und professionalisiert. Auch die Siebenminuten-Regel stammt von ihm. Er fand heraus, dass 10 Minuten für ein erstes Gespräch schon zu lang sind. Weitere Empfehlungen: bei Speed Datings nicht über oberflächliche Themen sprechen, sondern die kurze Zeit nutzen und möglichst viel über die Gesprächspartner und -partnerinnen erfahren und Gemeinsamkeiten herausfinden.

Heute sind Speed Datings hautsächlich kommerzielle Veranstaltungen. Es gibt sie fast überall auf der Welt und noch immer geht es darum, einen Partner oder eine Partnerin zu finden. In großen Städten können Interessierte mehrmals im Monat ein Speed Dating besuchen. Zwischen 20 und 30 Euro kostet die Teilnahme im Durchschnitt, meist werden die Veranstaltungen für unterschiedliche Altersgruppen angeboten (die Altersgrenze bei einem der größten Veranstalter liegt bei 60 Jahren), noch immer findet die Mehrzahl der Veranstaltungen in Cafés oder Restaurants statt. Informationen erhält man im Internet, die Anmeldung erfolgt normalerweise ebenso online.

1 Richtig oder falsch? Kreuzen Sie an.

		R	F
a	Speed Dating kommt aus England.	☐	☐
b	Die Idee dazu hatte der Rabbi Yaakov Deyo.	☐	☐
c	Yaakov Deyo wollte Menschen dabei helfen, schneller den Partner oder die Partnerin fürs Leben zu finden.	☐	☐
d	Yaakov Deyo empfiehlt den Teilnehmern, bei Speed Datings über oberflächliche Themen zu sprechen, damit man sich beim ersten Treffen nicht so gut kennenlernt.	☐	☐
e	Schon kurz nach dem ersten Speed Dating 1998 gab es in der ganzen Welt ähnliche Veranstaltungen.	☐	☐
f	Inzwischen sind Speed Datings ganz normal.	☐	☐
g	Die Teilnahme ist leider sehr teuer.	☐	☐
h	Speed Datings gibt es nicht nur für junge Menschen.	☐	☐

B ERFAHRUNGEN

Die Erfahrungsberichte von Teilnehmern an Speed Datings sind zum großen Teil positiv. Die Leute sind realistisch, nur wenige glauben tatsächlich, im Rahmen eines 7-minütigen Kennenlernens die große Liebe zu treffen, obwohl auch das mitunter vorkommen soll. Manche gehen regelmäßig zu Speed Datings und haben schon fast ein Hobby daraus gemacht. Viele werden wohl von Freunden angemeldet und bekommen die Teilnahme als besondere Überraschung geschenkt.

Wer neu in eine fremde Stadt kommt, nutzt die Veranstaltung als Kontaktbörse, um Leute zu treffen. Diese Personen schätzen besonders die Möglichkeit, an einem Abend gleich mehrere Leute ein bisschen näher kennenzulernen. Die sieben oder acht Minuten sind zwar schnell vorbei, viele empfinden das aber auch als Vorteil, z.B. wenn das Gegenüber nervt oder langweilt. Auch schüchterne Menschen betrachten Speed Datings als gute Alternative. Denn in der Disco oder an anderen Orten hätten sie nicht den Mut, einfach jemanden anzusprechen. Viele geben zu, dass ihnen bei den Speed Datings Männer oder Frauen sympathisch waren, denen sie sonst keine Aufmerksamkeit geschenkt hätten.

Ich war schon auf fünf Speed Datings. Klar sind nicht alle interessant, die man dort trifft. Aber ich habe zwei Menschen kennengelernt, mit denen ich heute sehr gut befreundet bin.
Julia, 24

Mein bester Freund hat mir einen Gutschein geschenkt. Eigentlich fand ich das doof. Aber ich bin trotzdem hingegangen. Die große Liebe habe ich nicht kennengelernt, aber es war ein sehr netter und lustiger Abend. Nächstes Mal melde ich mich selber an.
Mike, 30

Ich wohne noch nicht lange in Hamburg. Habe mich zu einem Speed Dating angemeldet. Super Abend! Muss seitdem nicht mehr allein ins Kino. Für den Anfang doch nicht schlecht!
Cora, 28

Speed Dating? Einmal hat gereicht. Nur Langweiler und schräge Typen. Sieben Minuten können da echt 'ne Ewigkeit sein. Nee, war nix. Nicht für mich.
Bea, 38

Ich heirate nächsten Monat. Und meinen Schatz hab ich beim Speed Dating gefunden. Sie setzte sich, lächelte mich an, unglaublich! Liebe auf den ersten Blick! Und dabei bin ich ohne Erwartungen hingegangen, eigentlich nur so, zum Spaß und aus Neugier. Sie ist übrigens ganz anders, als ich mir meine Traumfrau immer vorgestellt hatte. Wahrscheinlich hätte ich sie woanders nicht mal angesehen.
Jonas, 33

---

2 Aus welchen Gründen gehen Menschen zu Speed Datings und welche Erfahrungen machen sie? Suchen Sie die Informationen in den Texten und notieren Sie.

C ALLSEITS BELIEBT

Klassisches Speed Dating

Job Speed Dating

Speed Datings gibt es längst nicht mehr nur für die Partnersuche im klassischen Sinn, sie sind aber immer Kontaktbörse und funktionieren nach denselben Regeln. Immer öfter gibt es Job Speed Datings, bei denen Vertreter von Unternehmen Arbeitssuchende treffen. Mal sind es junge Leute auf der Suche nach einer Lehrstelle, mal sind es Arbeitslose, die in Firmen vermittelt werden sollen. Anders als beim klassischen Speed Dating ist das Verhältnis der Parteien hier nicht 1:1. Bei Veranstaltungen für Arbeitslose kann es sein, dass 1000 Bewerber auf 50 Unternehmen treffen, die insgesamt etwa 300 Stellen anbieten können. Auch hier geht es nur um einen ersten Kontakt, um die Chance, ein richtiges Vorstellungsgespräch zu bekommen – und danach vielleicht einen Job. Die Erfolgsquote liegt bei 10 bis 20 %.
Es gibt Veranstaltungen für Wohnungssuchende bzw. Mitbewohner in Wohngemeinschaften, das sogenannte Speed Flatmating.
Auch für die Babysittersuche oder die private Seniorenbetreuung bieten sich Speed Datings fürs erste Kennenlernen an. Der deutsche Fernsehsender Phoenix hat 2010 ein Speed Dating organisiert, bei dem sechs Bürger sechs Politiker im klassischen Wechsel sechs Minuten mit Fragen löchern konnten und im Fernsehen übertragen.
Eine Insel, die den Tourismus verstärken möchte, sucht Reiseveranstalter und lädt mögliche Vertreter zum schnellen Kennenlernen ein. Ein Museum organisiert ein „Cultural Speed Dating" für Kulturakteure, in Neuseeland dürfen literarisch talentierte Schüler die bedeutendsten Schriftsteller des Landes treffen. Und selbstverständlich gibt es Speed Dating auch für den guten Zweck. Eine Umweltinitiative lädt Singles einen Sonntag lang zum Bäumepflanzen ein. Und wer auch danach alleine ist, hat sich auf keinen Fall umsonst angestrengt. Er oder sie hat immerhin einen wichtigen Beitrag für eine bessere Umwelt geleistet. Besser als allein zu Hause rumzuhängen ist das allemal.

3 Welche Speed Dating Ideen gefallen Ihnen, welche weniger?

---

4 Wofür könnte man die Methode des Speed Dating noch einsetzen? Sammeln Sie Ideen oder recherchieren Sie im Internet.

Übersicht über die in dieser Reihe erschienenen Bände:

Stufe 1 ab A1
Das schnelle Glück
Der 80. Geburtstag
Die Neue
Die Prinzessin
Ein Hundeleben
Gebrochene Herzen
Miss Hamburg
Schwere Kost

Stufe 2 ab A2
Der Einbruch
Der Jaguar
Große Gefühle
In Gefahr
Liebe im Mai
Oktoberfest – und zurück
Schöne Ferien
Unter Verdacht

Stufe 3 ab B1
Hinter den Kulissen
Leichte Beute
Speed Dating
Stille Nacht